www.ingramcontent.com/pod-product-compliance
Lightning Source LLC
Chambersburg PA
CBHW032002060426
42446CB00041B/1177

انتشارات انار

|انتشارات انار|

شدن

رضا روزبهانی

از گزیده شاعرانه‌گی‌های ایران - ۴

راهی بزن که آهی بر ساز آن توان زد   شعری بخوان که با آن رطل گران توان زد

شدن
ازگزیده شاعرانه‌گی‌های ایران - ۴
شراینده: رضا روزبهانی
دبیر بخش «ازگزیده شاعرانه‌گی‌های ایران»: فریاد شیری
مدیر هنری و طراح گرافیک: عبدالرضا طبیبیان
چاپ اول: پاییز ۱۴۰۰، مونترال، کانادا
شابک: ۹۷۸-۱-۹۹۰۱۵۷-۲۴-۰
مشخصات ظاهری کتاب: ۱۱۲ برگ
قیمت: ۹ £ - ۱۰٫۵ € - ۱۵ CAD $ - ۱۲ US $

|انتشارات انار|

نشانی: 746A, Plymouth Av., Montreal, QC, Canada
کدپستی: H4P 1B1
ایمیل: pomegranatepublication@gmail.com
اینستاگرام: pomegranatepublication

پیشکش به
خانم فریبا صدیقیم،
برای عطوفت مادرانه‌اش

مقدمه

مجموعه‌ی حاضر شمایلی از حـدود ۲۵ سال شاعری بنده است. از سال ۱۳۷۶ که نخستین شعرهایم در نشریات ایران منتشر شدند، تا حالاکه تعداد پرشماری از آنها یا در نشریات و رسانه‌های عمومی یا در جامه‌ی پنج عنوان کتاب شعر خودنمایی کرده‌اند. «شدن» عنوان شعر بلندی‌ست که هنوز تا شدن کامل فاصله دارد. اما علی‌الحساب پاره‌ای از آن در انتهای مجموعـه‌ی حاضـر رخ نمـود. شعرهای دفتر فعلی شکل حرکت من را طی سلوک و تجربه‌اندوزی شعری‌ام نشان می‌دهد. اگرچه بخش عمده‌ی این کتاب مربـوط است به دهـه‌ی ۱۳۹۰ و زبانـی که از پس جسـت‌وخیز گسترده حـالا در بستر حرکت خـود، در زیباترین لونش به جسـتنی پایدار ادامه می‌دهد. متأسفانه

تاریخ بیشتر این شعرها در دست نیست، اما جز دو ـ سه شعر ابتدای کتاب که مربوط به نیمه‌ی دوم دهه‌ی ۱۳۷۰ و تعداد اندکی پس از آن که مربوط به دهه‌ی بعد است، مابقی شعرهایی هستند که طی دهه‌ی ۱۳۹۰ و خاصه پنج سال اخیر نوشته شده‌اند. اما: شعرهای دفتر اول این کتاب همه نخستین بار در دو مجموعه‌ی حروف سربی (مجموعه‌شعر مشترک بهار الماسی و رضا روزبهانی، نشر داستان، ۱۳۹۵) و خلسه‌ی چرخ لای جدول (نشر داستان، ۱۳۹۵) منتشر شده‌اند؛ شعرهای دفتر دوم در مجموعه‌ی الف ـ بابا (نشر هشت، ۱۳۹۶)؛ دفتر سوم در مجموعه‌ی امضای مستقبل (نشر سیب سرخ، ۱۳۹۷)؛ و دفتر چهارم، جز شعر آخر باقی فصل‌هایی هستند که از کتاب «حالا» بُعدِ ماضی بعدن بود (شعر بلند ـ نشر خوزان، ۱۳۹۹) اخذ شده‌اند.

رضا روزبهانی
۱۵ خرداد ۱۴۰۰ خورشیدی

دفتر اول

تصویر گمشده‌ی ملال

چاپ کامل در مجموعه‌های «حروف سربی» و «خلسه‌ی چرخ لای جدول»،

نشر داستان، ۱۳۹۵

اتوبیوگرافی یک هنرمند
(برای بهمن جواهرچیان)

شکوه خنده‌ناک ایمانت:
پلی که سبزینه‌ی دست‌هامان را
به هم
پیوند می‌زند.

زهر تلخکامی‌هامان را
باز می‌مکد
با سرنگ لطیفه‌ای،
تلنگر خاطره‌ای
قهرمانی با خنده‌زار اندوه ژرفش

من این‌سوی پل ایستاده‌ام، دلاور!
شکوفه‌ی اندوه نورسته‌ات را
به جانب من   پرتاب کن!

کلمات مبارز

از تمامی کلمات مبارز
تنها مترسک‌هایی مانده سر پا
نه
ببخشید اگر درازبه‌دراز
خوابشان برده

این کلمات یاغی
فقط لالمانی گرفته‌اند این‌روزها

خستگی:

برادر شهیدی که شانه‌هایم را
تکیده کرده
زیر غرش خمپاره‌های استفراغ

از خمپاره
تکه‌های ترکش تو مانده بر قلبم
بر جراحات سینه‌ام

ریه‌هایم را جراحان وجب کرده‌اند
یکی‌شان می‌گوید:
جایی نمانده
تا تو را
آخرین کلمه‌ی کولی را
آخرین کلمه‌ی بی سر و پای کولی را
نفس بکشم
اصلا
از من تنها مترسکی مانده
تنها تو
که لالمانی گرفته هنوز من

تنهایی

تنهایی ـ قهوه‌خانه‌ی دور و پرت بیرون شهر
آه آه آه اگر قل‌قل کثیر قلیان‌ها نبود!

تصویر گمشده‌ی ملال

۱

تشویشم

اضطراب هول جدایی‌ام

مزار تک و تنها

درخت تک‌افتاده‌ی امامزاده‌ای

که سگی

روی غروبش نجاست می‌کند

دستی که تلخ می‌کوبد

عبث می‌کوبد

غضب می‌کوبد

سر به دیوار

کودکی که سر می‌کوبد به دیوار

راستی یادت بماند

چه‌گونه سر می‌کوبیدم به دوستت دارمم

۲

انگار من نیستم

تو لعنتی هستی

نه نیمه نه کمال

نه انتظار و هیاهو

۳

داری سربه‌سرم می‌گذاری

که خوش نیست

خوش نیست سربه‌سرم می‌گذاری

که اصلا سر به تنم نیست

۴

نیم‌نگاهی

گاهی به خودت کن

موقتی هستی

انگار جای کسی را نشسته‌ای که موقتی هستی

۵

دستم نمی‌رسد که ببخشم گناه تو
تقصیر تو نکرده‌ام که به دستم نمی‌رسی

۶

نگارهای کاغذی
عهد و قرارهای کاغذی
دستی که خورده‌ای سر و
پای کاغذی
انگار و حتما و شاید و مباد و های‌های کاغذی

بهاریه

سرگیجه‌های دَوَرانی
منظومه‌های پتیاره‌های بی‌نظامی‌های توسی
و حالم هم
گلاب به روتون
از این‌همه ژنده‌های رنگارنگ بهاری
تکرار مدام بی‌شکوه شکوفه
بارش بی‌وقفه‌ی بنفش، جیغ، صورتی
تابش متعدی رنگین‌کمانی که دیگر کودکی ندارد
و قناری
چه الکی دل خوش کرده

به این منظومه‌ی مدام

از کودکی

از جوانی

از مرگی که در نطفه‌های رنگی هفت‌سین خانه‌مان

در ژرفای بی‌هودگی میزبانان و میهمانی می‌بالد

در ادامه‌ی گیج و ویجی فصل‌هایی که از هم دریغ

آه آه ای شروع همیشه‌ی سرگردانی

قصه‌ی کلماتی که هیچ‌وقت نمی‌میرند

(شعر من نان مصر را ماند   شب بر او بگذرد نتانی خورد – مولانا)

تمامی معناها کلماتی دور و دشوارند،
شبیه سنگ‌های عظیم‌الجثه؛
اما در تلاطم و جریان رودی حقیر
ساییده می‌شوند و ساده
یا حتی
شبیه کلماتی که طی دوره‌ای چندین صدساله
بلکه در مواقعی کوتاه‌تر از این‌ها
به احمقانه‌ترین صورتشان رسیده‌اند
یا دردهایی به حقارت فقر و گرسنگی
یا شاید کمی بزرگ‌تر از این‌ها

که با تمامی پوست و استخوان با خود می‌کشیمشان

اما

توان نقلشان را نداریم حتی

تمامی کلمه‌ها معناهایی دشوار و دورند

انسان‌هایی معناهای ناگفتنی را عربده می‌کشند

می‌درند

پاره پاره می‌کنند

زیر پا می‌گذارند

و حتی دشمن می‌گیرند

پاره‌ای دیگر...

اصلا به من چه ربطی دارد

واژه‌ها معناهایی مقدسند که پاره‌ای‌شان

دوره‌ی کمون‌های اولیه و ثانویه و بعدتر را طی کرده‌اند

و حالا من

رضا روزبهانی با اسم هنری ر. روزبه

برخی‌شان را می‌ستایم

برخی دیگر را دشمن می‌گیرم

با بعضی شام می‌خورم

با چندتایی زیر باران می‌روم

تعداد اندکی را برای مسافرت برمی‌گزینم

چندتایی را برای درگیری‌های خانه

بیش‌تر از این، دعواهای بیرون از خانه

و بسیار بسیارشان برای نوشتن

با خود
همراه دارم

من با تمامی کلمات زندگی می‌کنم
با عده‌ای کج‌دار و مریز
با عده‌ای مناقشه‌آمیز
با عده‌ی عمده‌شان هم در صلح و صفایی عاشقانه

کلمات انسان‌هایی هستند که با دست‌هاشان
معناهای ازلی و ابدی را به ما تعارف می‌کنند
ـ: بفرمایید سر میز لطفا
دیر اگر تشریف بیاورید شعرتان سرد می‌شود حتما

مار و پله

از ابتداش مار بود و
پله
بود.
فرقی هم نمی‌کند:
موهای تو مار باشد یا شانه‌های من

از اگر اگر نبود

همیشه همان
آن همان و این هم آن
بهاری که در چهارحرف محقر
تعریف می‌شود
اگر حرف الف نبود
- این رعنا با این‌همه رعنایی‌اش-

جغرافیای فصل‌های خیانت
اقلیم فصل‌های پوشالی
عمری که در چهارخاطره

تحریف می‌شود

در چهل دروغ:

دوستت دارم ای هوای سربی دوست دارمت

اقلیم عشق‌های مجازی

در هزار قلب نمادین اجاره‌ای

در یک‌صدهزار شست سترگ ارقامی

اگر دروغ نبود

اقلیم کاش نمی‌باشی

کاش نمی‌بینم

دستوری که به همین ضایعی می‌زاید از بهار

از تابستان

از اگر اگر نبود

نیمه‌ی ناتمام من

انگار سوزنی که از مویت آویزان
می‌رود فرو
سوی خمار پلک‌های از دیشب
سوی دست‌هایت از پهلوانت
آویزان
از مویت طره‌ای
– بلانسبت شما –
سوی سوزش دست‌هایی میان تنور و نان
انگار بلایی از زمین و
از قید اخلاقیات منحط معارفه

بلای بی‌مبادی آداب دلبرانه‌ات
می‌کشی‌ام در لهیب فراغ فراق
«حالا هی دست پیشی را بگیر که پس نیفتی
حالا پس نیفتی که هی دست پیشی را می‌گیرم»

سوگ چشم‌های خمار از بالا
تا طره‌ای از مویت بلانسبت
که لای سوزش تنور و نان
که لای آداب رسته از اخلاقیات منحط وفاداری
که فرو می‌کشی‌ام در لهیب مدام
انگار سوزن عشقی که در دلم می‌کاری
انگار اهمالی که گذاشته‌ای لای تزریق سرنج
سمی که مدام در رگ من رنگ می‌شود
نه این که سرخ
سیاهِ سیاهِ سیاه

رویا نونهالی

در خاطره‌ی زمین
شاید درختی بود
هیزم لای شراره‌ی جور که نه
در خاطره‌ی خط خطی درخت
هیزمی شاید
درخت لای جبر جباری که نه
درختی باید بود

شگرد بدیع تعلیق معلق نستعلیق
نای لای جوهر بیهقی

صدای لای واژگان بی‌تعارفِ پیچیده
ژنده‌خانه‌ی سلطان، زیر پله‌ی عمارت آوار
طنز بی‌چاره‌ی حسنک
عفریته‌ی دسیسه و تاج خاری بر سرش بگذارید
جنگ سلطان و شبان و روزان لاکردار
جنگ اگر اگر نمی‌آیی
درختی باید بود
برگی بلکه
کاغذی
پاره‌ای لای دفتر تاریخ پاره پوره‌تر
لای جنگل هذیان و یابو
لای مشت‌هایی که فاتحانه می‌غرند
لای فروغ و سوتابه
یا لای گلستانی که از او خسروی می‌روید مدام

در خاطره‌ی بوناک زمین
بهار اگر نمی‌توانی
درختی باش
حتی اگر نهال نورسی
حتی اگر رویاهای نونهالی

عین لایی که از غیرت می‌زند

عین او
عین اویی که از لاوت می‌زند بیرون
عین مویی که لاکِ مشتت می‌باشد
می‌روید از لای درختچه‌ها و بوته‌های زار
از لای دستان رستن
از لای رستم
بی‌هوای این‌همه نقش و رنگ
مرده بلا
زنده بلا[1]

---

۱. ورود محرَّف معنا و کلمات مصرع آغاز غزل مولانا: رستم از این نفس و هوا زنده بلا مرده بلا

نسبی‌تر از شغاد و اینشتین

از لای پیچکی که دورت پیچیده

توشه می‌گیرد از شیره‌ی حیات و مماتم

از مزار تزار مخوف

روی ایوان خانه‌مان که لاف ردوبدل می‌کنی با همسایه

عین خوابی که خواب می‌بیند

رویاهای بادبادک‌های بازیگوش بچگی‌مان را

عین بچگی‌مان که خواب می‌بیند

رویاهای بازیگوش بادبادک‌های ادیسون را

عین عینکی که نوک می‌زند به حافظ

به حافظه

به مستراح و عطش مدام استماع

عین لایی که از غیرت می‌زند

از مصب و تمنا

از زردی و نیلی تا سرخی و شهوت [۲]

از دوستی‌ها و بوسه‌های مثلثی و بلکه گرد

مریض اما مقدس

اندرونِ اویی که از منی می‌زند بیرون:

از یعنی، مرادش معنای زنی

از زنی، مرام مردی که توهم مروت

عین بیان شیری در قفس

ـ کهکشان محبوب من که خودش را می‌ستاید تنها‌ـ

---

۲. چه اشتباهی! از من نخواهد گذشت مخاطب هزاره‌ی سوم که نیل را به حوضه‌ی دریای احمر کشیدم.

(باید یکی مدام توجهش را به بزرگ شدنش جذب کند

به بزرگ‌تر شدن تکبرش)

الله اکبر از این‌همه جذبه

این‌همه سماع

عین لهجه‌ی تنگ قفسی که روی غرور شیری نقاشی شده

از نمایی نزدیک اما کور

عین عیان گنگ این‌همه معنا که مثل هوا می‌گریزد از کلمه

عین واژه‌ها

مست

عین ویار شبیخون شعریدن

زبان کشیدنشان

زبانه‌ی قفلِ درِ خانه‌ی تنهایی

که باز می‌شود و باز نمی‌شود

بسته نمی‌شود و باز می‌شود

بازی باز با قناری

تلخ و خون‌افشان اما تماشایی

تماشای غروب لامذهب فروغ

وقتی دروغ، همه‌ی روزنامه‌ها و شب‌نامه‌ها را چاپیده

خلسه‌ی چرخ، لای جدول

جدول گرفتار فروغ

لعنت به این‌همه گرفتاری

لعنت به شعری که آبستن معنایی ازلی و ابدی

عین شعری گرفتار تمامی معناهای ازلی و ابدی

عین شهری مستعد تمامی بلاهای آسمانی

عین عین او

که از لاوت بیرون

دفتر دوم

تنهایی

چاپ کامل در مجموعه‌ی «الف-بابا» ، نشر هشت، ۱۳۹۶

اتفاق

این‌جا
همین الان
وسط اتفاق افتاد
اتاق
حواسم اصلا به افق نبود که اتاق افتاد
وسطِ اتفاق
انگار که اصلا افق از وسط فرق من افتاده بود آن بالا

درست انتهای خطی که از نوکِ شستِ پای راستم کش می‌آمد
تا خطوط منقطعِ پنج‌تاییِ گچ‌بریِ بالایِ دیوار

آن‌جا
خودش با خودش تصادم کرده بود اتاق
نه
بلکه سیاهی سَرم آن بالا افتاده بود این‌بار
ـ هراس هیولایی که مدام سایه‌اش بالای سرم کش می‌آمد. ـ

هذیانش را درست نمی‌فهمم
از سرم اتفاق افتاده بود آن بالای اتاق
یا از آن بالا
اتاق افتاده بود روی
اتفاقا

نخواهد آمد

تقریبا دو ربع و
یک ساعت قدیمی شماطهدار
با هفتاد سال روشنی که نخواهد آمد
تقریبا اندازهی هفتصد موج پروانهای و
پانزده دقیقه شنای کرالِ از پهلوی تو
که

دور میشوم
دود میشوم با تو
تقریبا عین همین آن و دقیقهای که از مکان تو میجویم، میگویم
عین همین واژههای مستی که از بخارات کنیاک تو میلولد

یعنی میانه‌ی نهان دستان تو

که فاصله‌ای نمانده، نرسیده

که پر می‌زنم؛ پرپر می‌زنم...

اتفاقی نخواهد افتاده که دست و پایم راگم کرده‌ام.

تنهایی

(به خاطره حجازی)

نیمرخ دلبرک نیمه‌کاره‌ی متساوی‌الساقین!

اضلاع خوش‌تراش اعضای ذووجاهتِ رویات

از نیمه نگذشته

ساق‌های سه‌وجهی تا انتهاش می‌لرزد

از وجهی در حرکتی بالنسبه اسلوموشن

به وجه دیگرش می‌پیچد

از این پهلو به ساقه‌های نوری که از برگ‌هات منشعب شده

گلوله‌های گدازان شهابی که مدام به یمین و یسار شلیک می‌شود

رویات هنوز در هم می‌لولد

سریان پای‌کوبی آیینی جادوگر قبیله

انگار بر پرده‌ی نقره‌ای فلینی
مهتابی جادویی فریدا بر دستان تنومند ریورا

تنها بودی که آواز غروبم را برایت خواندم
تنها بودی
که آواز غرورم را
نه درست بخوان لحن جمله‌ام را
سوالی بود

تنها باشی
که برگ و باری از ما اگر بماند
همه زرد است
نه حتی بوته‌ی گل سرخی
نه حتی شاخه گل رزی مصنوعی که در گلدان قلب‌مان
جوانه می‌زند
تنهایی حافظی که در کشوی میزت خاک می‌خورد مدام

توی تمام تنهایی‌هام تنها بودم
من بودم و منها بودم
کسر تنهایی خودم

ببین

هندسه‌ی شکل‌های عوضیِ ارواحِ مادرمرده
ضرب در ارقامی غیرقانونی
که هرچه باشد باید ممیزی شود.
می‌شود
ما نمی‌دانیم
خودش در خودش مطلقه می‌شود
بعد کسر می‌شود چشمی که به تو دوخته
از جسمی که خوابش می‌آید اما رویاهایش را با خودش می‌کشد مدام
رویاهایش را در خودش می‌کشد مدام
نه دلت نلرزد از توهم سری که سنگینی می‌کند

رویِ
ساعتِ سه و سی و هفت دقیقه‌ی صبح
و جابه‌جاییِ چشم‌های خشم تو
توی نحو جمله‌ای که همین سطر پیش
چشم‌غره شاید می‌رفته که بخوابد
از روی گل‌های مریمی که زیر بغل‌هام خشکیده
بعد چرخیده و چرخیده تا رویِ
ماهِ منیرِ تمامِ همان چهاردهِ قمریِ وسطِ شب
انگار اصلا چشم‌های شب تو
ستاره‌ی من را نمی‌بیند،
همان بغلِ یک‌وجب مانده به ماهِ قمری.
اخم نکن
ببین فاصله‌ی ستاره‌ی طلایی من تا ماه پریده‌ی تو
اندازه‌ی همان گوشه‌ی اخم‌های توست
تا نوک دماغ خودت

تنهایی

کسی که وقتی تنهاست
که باد می‌وزد از در یا پنجره
حتی این ابرها انباشته‌تر می‌شود
غمهام
کسی که وقتی تنهایی که دست‌هام کوتاه
تر از ابرهایی که انباشته‌تر می‌بارد
غم
هام
کم و حتی و بلکه سیلی که می‌زند بر گونه‌هام
که می‌آشوبد دلم را خانه‌ام را موهای شب تو را

از دست می‌کشم وقتی

دریا که از پنجره می‌وزد

بسته - باز رویِ

صدای موج‌هاش

اینه‌هاش

ببین قشنگ توی مشتم نهنگ‌هاش خودکشی نمی‌کند

از توی مشتم قشنگ حس می‌کنم صدای دلفین و سندباد بحری را

کسی که دست می‌کشم روی صدای موج نهنگ‌هاش

آن‌سوی دریا پنجره نشسته تنها

و حتی

و بلکه ادامه می‌یابد تا اواسط اقیانوس آرام چشم‌هاش

که یکی بچه‌دلفینکی بازیگوش

گوش می‌کند به صدایِ

افتادنِ

ریتم دوستت دارم مدام

دام

دام

دام

دست

هاش را فرو

می‌کند

توی حلقِ

دوستت دارمم

بلکه و حتی صید کند
تنها صدف تنهاییِ دلم را
اون پایینا
اینه‌هاش
خوب نگاش کن
ببین نشسته این‌جا
تنهایِ

تنها

انبساط

از این‌جا
از این پر خوب پرنگرفته
چیده شده رویِ
بازهاییبسته
افتاده روی
بالهاییبسته
که مدام می‌بسته باز باز باز بسته
هی می‌تکاند
جان می‌کنم که پر   واز
انگار یکی با قیچی مدام نوکم زده

انگار قیچی، مدام با نوکش ت ک ه تکهام دارد میکرده

از این پرپر خوشآب و رنج قرمز اناری غلطیدنم

در پریدن که نه

در اینجا

همینجا

که فرصت سبز شدن دارم انگار هنوز

از جوانههایی که زیر لشِ جاماندهام

دارم

آن بالا هنوز

پایین میکشم خودم را

تا فردایی که قسمتش کردهام با خودم

تکهای که انبساطش را سهم من میدیده از ازل

خودش را ابدن

موازنه

داشتم همین‌جوری در لاوش می‌پیچیدم
انگار که حرکت چرخ‌دنده‌های ساعتی
درگیر
مدام، لای پایان چشم‌هاش
داشتم حرکت سمجِ چرخ‌دنده‌های لایِ پایان چشم‌هاش
می‌پیچیدم همین‌جوری
انگار کرمی
توی لغزش لزج لاکم
انگار داشتم در حرکت کرمینه‌ی پلشت، لای لاوِ پایانش
پاهایش که پایان ندارد لامصب

دارم همین‌جوری در لابه‌لای لاوش دست و پا می‌زنم

این‌که بعدش چه می‌افتد

می‌افتد.

سرمای عجیبی بود

از لای پایان چشم‌هات برفِ مدام می‌بارید

خواستم بگذرم

گذشتم

سردم بود

مدام چشم‌هات می‌بارید

لباس زمستانی‌ام را جا گذاشته بودم

داشتم از سرما می‌چاییدم که گذشتم

دست‌هام را توی سرت کردم

بلکه قدری گرما

چشم‌هات از حدقه بیرون افتاده بود

آمدم ورشان دارم که پیش پات افتاده بود

سرمای عجیبی بود

«سردت است هنوز» جمله‌ای که

باید گفته می‌باشی

وسط این برفی

که این زیر

یک‌ریز می‌بارد (این زیر. خوب نگاهش کن.)

تقطیع دست‌هام را باید می‌دیده باشی

همین بالا
زیر برف‌هایی که
یک‌ریز می‌باریده
دست‌هام را لای پایان چشم‌هات نهادم
شاید کسی به تنهاییت
- که می‌خوابد بالای طناب -
دراز نشود.

طناب، خودش با خودش آن‌قدر دراز می‌کشد
که پایانت می‌چسبد به کفه‌ی ترازو
برای همین
هرکسی توی آن یکیش می‌نشیند تا خودش را با خودت موازنه کند
توازنی نیست
همه وزنشان را از کف داده‌اند
کفه اما انگار زیر بارش خون تو
تاب نیاورده
همه وزنشان از این کفه به آن یکی در حال تبادل است
تو اما وزنت همان بالا
توی جمله‌ای که سردت است هنوز
جا ماند و من تا آمدم بردارمش
تقطیع دست‌هام لای برفی که بالا باریده بود در پایانت
جاماندیده
پایان.

نوری که از پنجره‌ی پنچر اتاقم به سمت تاریکی نشت می‌کند

انگار شاخه‌های ترد و ملوس نهالی
که زیر تخت خوابم
ریشه دوانده
سر می‌کوبد
بلکه از من راهی باز کند

نوری که از میانه‌های پیشانی
فرق باز کرده
تا شعاع تنگ بالای پنجره
تا دست چپی که ریشه‌هاش

به قلبم می‌رسد
با تمرکزش در شکل گلابی

مدام شاخه‌اش سر می‌کوبد
بلکه راهی بجوید از من
به سمت شبی که آن‌سوی پنجره افتاده

نهال از هسته‌ی هلویی ریشه دوانده
که دیشب
لغزید و رفت آن زیر و
برای خودش ریشه کرد لای کاشی‌های گل‌بهی خوابم

روی کاشی‌ها
فنجانم معلق بود از رسیدن و
پاییز و
مرکب بود از مزه‌ی گس آمدنت
خواب بودم که رسیدی
خواب بودم که فنجان معلقم را چرخاندی و چرخاندی
فال تلخم
قهوه‌ی قجری زمستان بود و
رسیدن و نپاییدنت
فنجان دیگری خواستم برایت تدارک ببینم که خواب بودم.

دفتر سوم

از لای اوراق خرد خودم

چاپ کامل در مجموعه‌ی «امضای مستقبل»، نشر سیب سرخ، ۱۳۹۷

بگو شلیک کند

می‌گویم تا برایت از کبوتر جرعه‌ای عطش بیاورد
از انار پوسته‌های شکافته‌ی دهانت را
می‌گویم از غربت غروبی برایت بنویسد
از دروغ، مدادرنگی‌ای که ردش روی دفترت مانده
از دفترت باید چند پرنده‌ی خوش‌الحان بیرون می‌آوردی
وقتی از صحبت، صبحی مانده بود لای های‌های فراق
می‌گویم از عطش برایت چند پر قناری بیرون بیاورد و
تحریر یاهاهای یونس‌خان دردشتی را
از دوست برایت دستی دربیاورد و از خداحافظی خدا
از امروز مگر فردایی مانده هنوز؟

•••

شلیک کن به تارک این‌شب
به قعر شک
و بگو برایت قهوه‌ای بیاورند
و زنگ بزن
بگو حالا بد است و سرکار نمی‌آیم
شلیک کن به خاک
بگو تسهیل کنم رقصت را
بگو قرصی بیاورند
بلکه پاره‌ای جلوی شما بزنم
کلاه را نگاه کن و
شلیک کن به تابوت
و بگو از خواب سوررئالیستی دالی
دست‌هایم را بگذارد بیرونِ جنازه
بگو شلیک کند به عموم و
شلیک کند به قبر و
شلیک کند به کفر و
بگو از شلیک گلوله‌ای بیرون بیاورد با نعش
بگو بایستم جلوی رقص و
با تانک از روی تانگوی دست‌پاچگی بیرون بپرم یهویی
بپرم
روی
روی
شلیک
بگو صاف و پوست‌کنده شلیک کند روی دیشبم که با تو می‌خواسته‌ام

تسهیل کنم اموراتِ گروهِ نقاره‌زنانِ مرده را
بگو شلیک کند روی شقیقه و بیفتد همین وسط حال
بگو شلاق بگیرد دست شلیک و بشلیکد شق و رق میان سماع
لولی‌ای باشد که خلسیدنش گرفته با انفجار
بگو بگو صاف و پوست‌کنده شلیک کند روی اول
شلیک کند به تاریک این‌شب

ازگلوله بگو گلویی جا مانده اما هنوز

از بهار

انگار این بهارِ ارغوانی قسمتت نبوده هرگز
از برگ و شاخه که افتادی
زیر پای همین بهاری که می‌رسد
ارغوانی، کبود شد و الفِ توی شناسنامه‌ات، کتاب
بلند شدی تا راه بروی
نه. بلند نشدی تا راه بروی
راه افتادی تا بلکه بلند شوی
- اندازه‌ی آخرین شاخه‌ای که بهار رویِش کرده بود،
شاید بلند شوی -
شاخه از تو بالابلندتر بود

بلند نشدی.

همان‌جا نشستی و برای بهار مویه کردی

می‌شنید اما هم‌چنان کبودتر می‌شد شکوفه‌هایش

برگی روی مویه‌هایت افتاد، قناری شد

پرید روی یکی از آخرین برگ‌های کتاب و خشکش زد

نه. قبل از آن‌که خشکش بزند قدری نگاهت کرد و

بعد خشکش زد

عین باقیِ برگ و بار تو

لای صفحات کتاب زندگیت جا خوش کرد

کنار یک بوته‌ی خشکیده‌ی رز خوابش برد

بلند نشدی

شاخه هی بالاتر می‌کشید خودش را

بلند نشدی

شناسنامه‌ات را بستی

«ه» از توی شناسنامه‌ات افتاد روی

سبزه‌ها

بهار اکنون داشت توی صفحه‌ی اولش بار می‌داد

از ساقه‌ی درختی نورسته خودت را بالاکشیدی

دست‌هایت بال‌های قناری‌ای بود که لای کتابت می‌خواند مدام

خودت را بالا نمی‌کشیدی

خودت را در خودت فرو می‌کردی

بوته‌ی ریواس خودت می‌شدی

بالیدی و بالیدی

قناری از دفتری که زیر سایه‌ات خوابیده بود پرکشید

شاخه‌ی گل رزی را به نوکش می‌برد
دچار استحاله‌ی بین نباتی و حیوانی شدی
استخوان ترکاندی
حیوانی شدی دوباره روی چهاردست و پا و تمنا
زاده شده بودی اکنون
نوزادی شدی که عمر دومیلیون و هفتصدهزار و اندی بر تو می‌گذشت
بار و بر زمین بودی
همه‌ی ها‌ها به تو پیوستند
بهار شدی
دوباره سبز و نیلی و ارغوانی و هزاران رنگ عجب

فقط کلمه می‌تواند «چه کسی از ویرجینیا وولف می‌ترسد» نترسد

های‌های‌های ویرجینیای مغموم
از رودخانه که با من نمی‌گذشتی
گره از پیشانی‌ات افتاد روی
رود
و روز رودی شد که در هم می‌تابید

(سعی کنید از فاصله‌ها که می‌افتید توی رود
از این‌که با شما هستم شبکه‌ای را روی اطلاعاتِ هم)

می‌خواسته لابد رودی باشد که همین

کمی بالاتر، بعد از «اطلاعاتِ هم»
تلنبار کنید و هرروز از دست‌گیره‌ی خودش مدام بریزد روی
دور
می‌ریزد و سنگ‌ریزه‌ها یکی‌یکی از اواسط پایانش می‌جهد روی اول

می‌خواسته لابد سنگ‌ریزه‌ها از توی جیبش غل بزند و بریزد روی
بستر و در یک فرسایش هفتصدساله
رویایی باشد برای اولین ناوگان کریستف کلمب.

در غیاب فرمانده،
هرروز
روی نقشه شکافی طرح می‌کنیم و محلی جدید برای تمامی قوا.
وقت امتحان
دست می‌کنی توی شکاف و همه‌ی جریان را رو می‌کنی.
جست می‌زنی توی روز و
وقتت را با ناامیدی می‌سنجی.
خط ارتباط را مدام می‌کشی و از روی نقشه پاک می‌کنی.
موفق می‌شوی
ثقل مرکز را معوق بگذاری.
دست می‌زنی و کلمه‌ها یکی‌یکی پیدا می‌شوند:
یک دست اونیفورم نظامی و شصت دانه سنگ‌ریزه و حجم آویزانی از اندوه.
انبوهی از قلزم اندوه که تنها کلمه نیست.
معنایی که در رودی حقیر، خودش را غرق می‌کند.
معنایی که در سلول خودش
تا بی‌نهایتِ خودش تکثیر می‌شود.

های های های ویرجینیای مغموم
از رودخانه که بی من می‌گذشتی،
کلمه معنایی بود که در خودش هم معنا نمی‌شده
الساعه.

از لای اوراق خرد خودم

تقاص غلیان لخته‌های شرم تو باشم

که نوک می‌زند و دانه‌دانه کلمه‌های

ممنوعه را برمی‌چیند از بساط انحراف

حرف‌به‌حرف سرک می‌کشد توی شقیقه‌های شعر

کاش در غلیانِ شرم تو

من هم کلمه‌ای بودم

حرفی بودم از تصرف انحراف

صرف فعلی بودم از تعدی انصراف

کاش از همان ابتدای کن فیکون

افعال خودم را خودم داشتم تصرف می‌کنم هنوز.

•••

حاشیه‌ی کبیر باشم و

از لای اوراق خرد خودم بزنم بیرون

سپید باشم و بپاشم روی

سیاه

که خود سپید می‌بیند خام

بریزم روی الفبای غربت

بریزم روی انهدام کاسه در شراب

سرخ بیفتد از رگان تاریکم

بلکه می‌کشی‌ام

از فراز جَوّی که بالای ما ایستاده به سماع

دست بیندازم لای لولی ژولیده‌ی زبانت

که همچنان سرخِ سرخِ سرخ

مصحفی باشی

که از لای اوراق خودم

ورق ورق پر می‌زند و می‌پیچد به دست و پای هنوز

کاش در کتاب‌سوزان سکندری

من هم ورقی بودم.

سیب

سیب افتاده بود لای بوی دست‌های حوا
سرم را توی رویاهایم
مدام بالا می‌بردم
هوای تو را داشت توی خواب‌هایش استشمام می‌کرد
همان بالایی که هنوز نیفتاده بود
لای بوی دست‌های حوا
خواستی از خودت رفتن را بیرون بیاوری
باید از باغ عدن درختی بیرون‌تر می‌کشیدی
درخت را در مشتت قالب کردی
بلکه دادی همان روی کف دستت

شمنی هندو تتویش کرد

بوی سیب را خوردی تا شاید کسی گمانی به دست‌هایت نبَرد

رفتن را از خودت بیرون کشیدی

بی‌محابا در را به سمت خودت دویدی

درخت داشت از دست‌هایت بالا می‌کشید

شاخه‌هایش را از بالای بوم قیچی کردی

از درکه آمدی درآیی

فاصله‌ای نبود

همان آنِ یک پایت آن‌سوی در و

مشت دست راستت که به سمت بالا شکوفه داده بود

پرنده، سیب حوا را نوک می‌زد

هوای عزیمتت خوابیده بود

از پاهایت درش آوردی بلکه ماندنت در ریشه‌هایت بپاید مدتی

پرنده داشت هنوز توی سرت آواز می‌خواند

که سیب افتاد همین پایین بوم

بگو

بگو سیییییب

در تنگ شکسته‌ی خزر

می‌خواند
روزهای سیاه عبث.
عبوس
عین علافیِ عشقی
که خودش را با خودش محک می‌زند
معنای خودش را می‌جوید تن‌ها

می‌خواند
روزهای عبث
عین دست‌هایم که به خاک سیاه نشسته

عین خاکی که سیاهِ سیاهِ سیاه
عین سرفه‌های مسلول ماهی
در تنگ شکسته‌ی خزر
زیر چکمه‌های روسی
عین تنگ لبریز خلیج فارس
زیر سکوهای نفتی عربی
عین غروب زودرس خوزستان
زیر و روی ریزگردهایی
که می‌کشی توی ریه‌هات
عین خاکی سیاهِ سیاه و خاکستری
نه، باز هم سیاهی که بالاترش رنگی نیست

سیاه یعنی کلمه‌های لخت
تابلوهای گریزان از رنگ
سیاه یعنی سالی که دست‌های تو مدام می‌گرید و ابری نیست

یال

(برای استاد حسین محجوبی)

پیش از زوال انزال

اولین بازی‌ها در سایه‌های ما باز شد

از همان بازه‌ی نخست

این سایه بود که فرومی‌رفت و پر باز می‌کرد

بعد رشته‌ها یکی‌یکی هویدا شد و چرخیدن گرفت

بعدترش از پشت صحنه

بازی را جلو کشیدی

بازی همان جلو

خودش باز می‌شد و قبضه می‌شد

بعد نقاشی‌هایی با قدمت سی و دو هزار سال
در ردیف پوزه‌ی اسب‌ها
در نماهایی مورب که در کنتراستِ دست‌مالی‌شده
پر می‌کشید
اسب‌ها هم‌نوا با هم شیهه می‌کشیدند
بازی را نه از نقطه‌ی صفر
از ثقل غارها بیرون کشیدی
آبشاری شدی آویزان از غار تنهایی خود

جذبه‌ی سرو و صنوبر و گوزن
داشت ما را دچار سرگیجه می‌کرد
حالمان اواسط سماع تغیُّر کرده بود
خطی کشیدی و راه آبادی،
به موازات یال یکی از اسب‌ها
وسط نقّاشی باز شد.

حتی آزادی

حتی نام کوچکم را باید خط بزنی
کلمات کوچک کاویدن را.
ضحاکی مگر باشی
که مرگ
بر تازیانه‌های تو بروید حتی
یا کلمات کوچکم را مگر خط خطی کنی
یا درهایی باشی که روی این‌همه قفل بسته می‌شود
یعنی آزادی معنایی تجریدی‌ست که در کاویدن جوانه می‌زند
درست زیر تازیانه‌های انتظار
درست زیر این‌همه اسم که بیهوده اشیاء و مفاهیم عدم را تصرف کرده

حتی آزادی خود کلمه‌ای‌ست که در تصرف هیچ معنایی درنیامده

آسایشگاه

چه‌قدر می‌شود مگر کل ماجرا را تصرف کرد و

روی پوست، دست کشید و

پوسته را شکافت و بیماری تا این مرحله متوقف نماند

چه‌قدر می‌شود مگر در آسایش باشی و

روی نیمکتی آن طرف‌تر از نیمکت تنهایی‌ات کلاغی قارقار کند و

چه‌قدر می‌شود تنها تنها تنها تنهایی

از این همه تنهایی، تنها تنی شکست در گذر

که خواب بود وقتی شامه‌ی بهار را به گلوله می‌بستند

از روی آخرین کیسه‌های شنِ سنگر گذشتی و
در یک حرکت اسلوموشن افیونی، دست‌هایت را به شکل طنابی،
دور هاله‌ی بغضِ خورشید گره زدی

تنهاییِ خورشید، تنهایی بود
شکست در تن‌های خودش

تماس‌های شما از طرف مایع دست‌شویی اَوه پی‌گیری می می دو رما...
تماس‌های شما از طرف قبلا تصمیم می‌گیرد روی
نت‌های تنهایی
بازدید شما حتی اگر ناقض خودش نباشد
روی
تنهایی، طنابِ داری حلقه کرده

تن‌ها تن‌ها تن‌ها
تنهاییِ ریه‌های انباشته از حرف
تنهاییِ حنجره‌ی دریده در حرف
تنهاییِ پنجره‌ی گشوده بر حرف
تنهاییِ کلمات سلاخی شده در ساختمان ارشاد

تو با این‌همه حرفِ تنهایی تنها نیستی که

Ragnarok

چه‌طور می‌شود نشست و دید رگی خون بپاشد
پیش‌تر از آن‌که بترکد؟
چه‌طور خون می‌پاشد و رگی توی صورت درخت نارون ما هی پر می‌زند و
گنجشک‌ها می‌افتند این زیر

مگر درخت زبان پرنده را نمی‌فهمد

چه‌طور، بعد از اتفاق
زنی این‌همه لشکر را دور فرمانده می‌چرخاند
که باید درخت را ترک می‌کردیم و

باید عضو می‌گرفتیم و
منتظر می‌ماندیم تا رگ‌هایش منقبض بشود
بعد خون بپاشد و
بعدترش بفهمی چه حسی داشته
تنهایی؛
وقتی اعضای دیگرش را توی نهر مثله می‌کرده اره‌برقی

چرا حرفی نداری وقتی چشم‌هایم دارد مدام قضاوت می‌کند

باید وقتی کسی در می‌زد، چراغ‌ها را خاموش می‌کردی
شاید این‌طوری نمی‌فهمیدم درخت نارون، روی صورت ماه خون پاشیده
پیش از آن‌که توی گران‌باریِ خودش تورم کند

تمام حروف یک تلفظ دارد، الا تنهایی
این را از اول فهمیده بودم اما

زین خلق پرشکایت گریان

البته از اول می‌دانم که در اقیانوس تنهاییِ خود آرامم
البته از اول، خواب شیر را از تنهایی‌ام بیرون می‌آورم و
باقی درندگان و وحوش جنگلی را
نه. این تلاش مستهجنِ مضاعفی نیست
در نمادینه سازی چهارعنصر رئالیته‌ای که حول و حوش ما در تضاد ازلی
و ابدن

باید کمی در خانه‌ی خودم بنشینم و
کلمه‌های تنفر را یکی‌یکی بریزم بیرون بوم و
رنگ‌های حزن‌انگیز عشق را شرحه‌شرحه از توی جیب لباس‌های

پاییزی‌ام بپاشم این‌رو
باید انعکاس تاریکی‌های شهر را ببندم و
چراغ‌قوه‌های توی سرم را یک‌مرتبه چراغانی کنم و
ریشه‌های نورانی‌ام را بدوانم به اعماق این تنهایی

باید از البته بیرون بیاورم چندین وحوش رعب‌آور جنگلی را در رویای
آرام تنهایی‌ام
و البته نهنگ‌ها و تمساح‌ها و باقی جانوران گوشت‌خوار آبزی را

باید از همین اول، حاشیه نروم
یکی‌یکی کلمه‌ها را بریزم بیرون تنهایی
تا این‌که نهایتا برسم به آرامش

از اول می‌دانم که در اقیانوس خود آرامم
اول می‌دانم که در اقیانوس خود آرامم
می‌دانم که در اقیانوس خود آرامم
که در اقیانوس خود آرامم
در اقیانوس خود آرامم
اقیانوس خودآرامم
اقیانوس خود
خودااااااااااا

امضای مستقبل

از این آب
بلکه جرعه‌ی ملوکانه‌ای بود سهم تو
لاجرم سرکشیدی
نه این‌که سَر بخوری

امضا نمی‌خواست نام تو
لاجرعه چرخیدی و چرخیدی و
از توی کوله‌ات کتاب‌ها و کوزه را به طرفه‌العینی پاشیدی روی
عطش
آب را از تشنگی بیرون آوردی و این امضای تنهاییت بود، پای کتاب:

«کاین پای لایق است که بر چشم ما رود»[۱]

آسمان را افتادی روی زمین و نسخه‌ها را یکی‌یکی برچیدی
نسخه‌ی اول ویار بیداری خورشید داشت
افتاد روی خواب‌های شمس و دیگر برنخاست
مست بود و پایانش لایِ لالاییِ نخواستن، تاب می‌خورد
نسخه‌ی دوم، بدلِ اول بود از ازل
نسخه‌ی همیشه قلابش توی برج حوت گیر کرده بود
نسخه‌ی بعدی و بعدی و بعدی ناگزیر دور شمس می‌چرخید و
دستان شمس، لای دیوان، تاب می‌خورَد اَبَدَن

ابیات تنهایی احمدرضای احمدی را برداشتی و لاجرعه چرخیدی و از
لای عطش
به طرفه‌العینی، نسخه‌ها را همه توی کوله‌ات چپاندی

چه حسی داشتی وقتی جهان به تمامی در مشتت بود و
نمی‌توانستی رو بازی کنی حالا؟
کدام پایان خوشی وقتی همه‌مان می‌میریم؟

دیوانه را ببند.

---

۱. از غزل‌های سعدی وام گرفته‌ام.

دفتر چهارم

شدن

چاپ کامل در کتاب «(حالا) بُعدِ ماضی بعدن بود»، نشر خوزان، ۱۳۹۹

چه فرقی می‌کند

چه جد و جهدی
وقتی امیدی نیست
تا خورشید
دوباره بر تارک تاریک عمارت بتابد
وقتی مفاصل خانه‌ی نورباران را
یک به یک
از هم بریده‌اند
چه‌گونه می‌گویی سرم را نباید درگریبان اتاق خوابم
فروکنم

وقتی در خیابانی کوچه‌ای
هیچ آوازخوانی زیر پنجره‌ی ما از عشق نمی‌خواند
چه‌گونه دستانم را از آستینم درآورم
و گلی نثار شادی کنم

تمام آوازهای ما آوار مویه شد
در خشت خشت خانه‌ای که دیگرانش رنگ سیاهی پاشیده‌اند

کدام امیدی
وقتی که خورشید هم از تاک خشک باغچه‌مان دریغ می‌کند

پیش‌گویی که بشارت زندگی می‌دهد
خود جنازه‌ای‌ست که در گور ما خوابیده

اصلا چه فرقی می‌کند وقتی رشته پاره شد،
من کدام دُروار‌ه‌ی تسبیح باشم

–برو کنار بذار یه‌کم هوا بیاد
–درتو بذار عمو
کدوم هوایی که در هوای تو خوابم گرفته
برو درتو بذار
بذار کپه‌ی مرگمونو بذاریم عمو

دریا پنجره‌ای بود

دریا پنجره‌ای بود
فاصله‌ی بازِ بین دنیای ما
طوفان نوح که شد
باز بسته شد
درها و پنجره‌ها را پشت سرمان بستیم
هرکدام
(در سرزمینی این‌سوی و آن‌سوتر دریا که پنجره‌ی بازی بود)

بعد هرکدام در قایق‌های خودش به سمت هم پارو زدیم
هرکدام کبوتری از قایقش به نشان عشق گسیل کردیم

کسی از سوی دیگری خبر نداشت

کبوتر دل‌های ما بود

که دریا پنجره‌ی باز دل ما بود

که طوفان نوحی نبود و رویا بود

ما نبود و من نبود و تو نبود و دریا پنجره بسته بود و دریا پنجره‌ای

نبود که فاصله‌ی باز بین دنیای ما بسته باشد

خدا تنها نشسته بود

غرق رویای تنهایی خود بود که دریا پنجره را کسی انگار دارد زنگ می‌زند

صبر کن

ماه را برای این در چشم‌های تو خواباندم

فصل در تشییع جنازه‌ی مریلین مونرو

مگر وقتی مراسم مریلین مونرو در حال برگزاری بود
پریان
اشک تمام خلیج را به غرب نبرده بودند
چه‌قدر سنگ درون آب انداختیم و انگشتری طلا
تا پری دریایی‌ای به تورمان بیفتد
کنار رودهای خشک
چه استغاثه‌ها که نکردیم
وقتی داشتند نیمِ دیگر مردم
در عکس ما گریه می‌کردند
و بعد

گیاه چهل ساله‌ای که از لای قاب قلبم
ریشه‌هایش را دوانده بود توی
خشک رود
و بعد
چه‌طور جادو و جمبلی باید از توی این‌همه سنگ‌ریزه بیرون بیاید
که بعد بفهمی جهان هاله‌ی کاملا بیضوی مجسدی نبوده
که ما از درونش هیات انسان شده‌ایم
و بعد مار از آستین مشیانه
در چشم‌برهم‌زدنی بهشت را بر روی زمین بلعیده بود
با این‌حال یادم نمی‌رود:
بعید نبوده چیزی جز جهنم فراق تو
که پیچیده بر دست و پای هنوز
یعنی تنها کسی می‌بیند که می‌داند کدام سنگ را کجای روایت بنویسد
هنوز
حتی اگر سنگ ورقی باشد از زندگی
که خودش آن را جلوی پای خودش گذاشته باشد
بعد تو که بالنسبه خوبیّ و
بعد هرکسی بلانسبت شما خوب است
الا مرگ که نام تلخ عشق است

جز بُعدِ بُعد بَعدی نمانده
اِلا چشمان تو که چون دوسهره‌ی عاشق
در گیسوان سرو می‌خواند هنوز

سنگینی بیوزن خون مرده

(برای صدای جاودانهی مرضیه)

آیینه بود

نه درخت بود و سبز بود

وقتی رختی نبود

درخت بود و سبز بود

تنها بود و

تاک بود و

خوابیده بود روی

ساقههایی که شاخص مستی بود الکل

و خانه سری بود که از خواب بیرون میزند

و خانه مهلتی همیشه بود

تابوتی بود
تخت و شناور و تاریک
خواب بودم که از درخت بیرون زدم
درخت سبز نبود و
من تنها بودم
تاک بودم و روی
ساقه‌ی
لختِ
خودم

سابق بود و اطلاعاتی نبود
فضای مناسبی نبود که تو
پرتش کردی
شبکه‌های نامرئی را از سرم بیرون کشیدی و
سبز نبودم
حقیقت نبود و
ثلثی از نماد
روی
کتاب
سهل بود و مکتوب بود
نماز را به‌جا نیاوردی و رکنی از نماز
ثلث دیگر حقیقت بود
ثلث آخرش درخت بود و سبز نبود
وقتی رختی نبود
درخت بود و سرخ بود و بیغوله بود

[حجره‌های سکون
حجره‌های لال
و حنجره‌های آغشته در خون
در خونِ مرده]
برنخاستی که در را بگشایی
و برنخاستی که حرف ربطِ بین کلمات را
از لای خون شتک‌زده بیرون بیاوری
برنخاستی که حروف بی‌ربط را
عطف به ماسبق کنی
و سنگی شدی
حجاری بر پیشانی همیشه
سنگ اول و سنگ دوم و بعدتر و بعدتر و آخر
و سنگ لال
سنگینی بی‌وزنِ خونِ مرده
بر قفل اول و آخر
شاخه‌هایی که شاخص مستی الکل بود
خوابیده بود رویِ
تاک اول و آخر
آدم نبود حتی
بلکه دستی بیازد و حبه‌ی انگور را
از گلوی حوا بیرون بیاورد
آدم و حوا دوچشمان سیاه تو بودند
غرق در سیاهی بحر عدم
که ما هنوز به هم مَحرم نبودیم و
ماه هنوز در مدارش قرار نداشت

گفت این طهارتِ حوا
نه مزه‌ی عشق
بلکه از خاکی خورده که روزی دوباره ما بدان برمی‌گردیم
دمر می‌افتیم و طراوت آبی را بو می‌کشیم
که خود با دستان خود به خاک و خونش کشیدیم
بلند شد و دست راستش را به نشان معجزه به خورشید چسباند
گویا می‌خواست برای اثبات حقانیت خود
دوپاره‌اش کند
پاره‌ای را در مغرب آسمان بنشاند و
پاره‌ی دیگر را در جیب چپ جلیقه‌اش
گفتم آقا منتظرم تا بفرمایی که بمیرم
یعنی باید اول اسمی وردی بخوانی ازکتاب و بعد بفرمایی:
همه از خاکیم...
و بعد آخرین دُرواره‌ی تسبیحت را روی مهره‌های
پایینی بیندازی
تا به طرفه‌العینی بمیرم

سابق بود و اطلاعاتی نبود
فضای مناسبی مهیا شده بود که آقا پرتمان کرد
شبکه‌های نامرئی را از سرمان بیرون کشید و
فضایی راکه «حالا» بود
نشانمان داد
«حالا» آنی نبود که بینِ رفته و نیامده باشد
حالا بُعد ماضیِ بعدن بود
زمانی نبود و زمینی نبود که ما بین کلمه‌ها نشستیم

و در ابتدا کلمه بود و کلمه نزد خدا بود[1]

---

۱. قولی از باب اول انجیل یوحنا.

عاشقانه

الف‌های کشیده و بلند و
دوایر نسبتا عمیق و باز
شرح خم اندر خم زلفکان شب من
در قامت مکرر و بی‌مثال یار
انگار حرکت عشقی
بر روی دستگاهِ گردان انیمیشن
دلبری در تعداد تکثیر یافته
با ادا و اطوار متعدد و متعدی
اسبی را تصور می‌کنم که در حین پرش از مانع
به تکه‌های پرشماری تقسیم می‌شود

نه ماهی را تصور می‌کنم که از شب اول
تا شب کامل
در آب می‌تابد از صورتت
عجب که تو را همیشه چون ماهی تصور کرده‌ام
که در ابتدا نحیف بوده‌ای
و بعد کامل و کامل و کامل‌تر
تا ماهی سرخی که در دریای دل من
مدام وول می‌خورد
سرخ را در همان معنای استعاری‌اش هم تصور کن
که دل من چون ماهی‌ای بوده بر تابه‌ی عشق تو
«می‌سوزد و می‌میرد و فریادرسش نیست»[۱]
کاش خاطره‌ها هم اعدادی بودند در سرمان
تا با جمع و تفریق دردها و شادی
نهایتا دردی را برمی‌داشتی و برای همیشه
توی جیبت می‌گذاشتی و تمام می‌شد
این را به حامد اسماعیلیون می‌گویم:
کاش توی چشم‌های ستاره هم عروسکی بود
اگر بود
لابد بعد از این که می‌مرد شبیه صورت دب الله اکبر می‌شد
ماه را لابد برای همین
در چشم‌های ری را خوابانده‌ای

همیشه یک تکه رویا در جیبم دارم ولی

---

۱. تحریف مصرع دوم مطلع غزلی از پژمان بختیاری:
شب بر سر من جز غم ایام کسی نیست   می‌سوزم و می‌میرم و فریادرسی نیست

تنهایی حروف

چه هول و هراسی داشت این ظلمت
حتی اگر تای آخرش را برمی‌داشتی
حتی اگر میم و تای آخرش را
و حتی اگر لام و میم و تای آخرش را
که یکتایی
حقیقتِ «تنهایی» ست
تنهاییِ تن‌ها
تنهاییِ تن‌های تنها
به قول «الف بامداد»
کوه‌هایی که باهمند و تنهایند

کثرت

حقیقتِ دنیایی بود که از روی آیه‌های کهن

باید خودش را تا هزاره‌هایی دیگر

زیر غلطک اولین دستگاه چاپ می‌انداخت

حرفِ شفاهی

تمنا داشت که هرچه زودتر تکثیر شود

حرف تنها

الف بود

قدری در فرسایش این تمنا خمید و بعد

روی همان خطی که ایستاده بود درازکشید و بعد

به شکل حرف دوم الفبا به سمت جلو خزید

بعد به زیر خط چمید و

حرفِ اولِ چشم تو شد که در کف برکه‌ی دل من

داشت ماهیِ ماه را با خودش پایین می‌کشید

به آخر که رسید

شبیه داسی شد که باید ابراهیم با آن

سرِ ماه را بر سینه‌ی تنهاییِ الف می‌گذاشت

در همان خط اول

تا یکتایی الف خم شود و

در انتها به شکل داسِ «یاء» مستحیل شود

حرف‌های دیگر

یکی‌یکی زاده شدند

حرف‌هایی که اگرچه از جنس یکتایی ازل بودند

اما متکثر بودند و مکسر

غالبا

اما چه‌گونه می‌شود تعادل این‌همه صدا را

روی

سکوتی حفظ کرد

که از سکو

شناگری

انگار پرت می‌شود

شیرجه می‌رود

توی آب

[تشبیه کاملا نامربوطی از چاقویی که در یک حرکت اسلوموشن

طنازی می‌کند تا برگلوی اسماعیل بنشیند]

پرنده‌ی خفته

حتی فرصت نکرد

در خون خود پروبالی بزند

شب هم باید بعد از این

قدری در حالت استعاری‌اش بیارامد و

کلمه‌ها

یکی

یکی

در بستر معناهایشان بخزند.

شدن

تنظیم عشق
با بریدن از نظم پیچک
که انعکاس صورت صوت است
در بطن عدم
عدم را قدم در قدیم می‌جست
از ابتدا که هر حرکت سکونی بود
که دست جود
زمانی که در کارِ گِل ما جنبید
«برگردن یاری بوده است»[۱]

۱. مصرعی از خیام با تحریفی مختصر.

خدا مشاطه‌ی حوا بود در باغ عدم
دم گرفت و حوریان از رخساره‌ی او
رقصیدن گرفتند روی
خاک

زمین بساط وجود بود و جود
ایثار زنانه‌ی تن بر بر و بحر
ماهی بسیار بر آب رویید و
علف بر پهنای دشت، شناور

هجرت از بساط عدم، وجود بود و
عشق تنظیم نبض پیچک
بر انعکاس صورت صوت
«اینجا بوَد که با یزید، یستزید و لایزاد گوید»[۲]

از ارتفاع باید سنگ می‌زد پریدن را
پریدن،
نهال انجیر کنار حیات
بال گسترده بود زیر گنجشکی که در فضای بی‌رنگ هوا دوخته بودش نقاش

در مخیله‌اش نگنجید
حتی
که شاید بتواند با سرشاخه‌های انجیرک
پر بزند به سمت خاک و

۲. از نامه‌ی پنجاه و یکم عین‌القضات همدانی.

پرنده انگار پاره‌گِل کبودی بود
که نقاش به جای لخته‌ای رنگ
پاشیده بود و
همان‌جا مثل باقی اشیای بی‌جان پیرامون
داشت به‌تدریج دچار فرسایش جمادی می‌شد
بر بافت‌های تصنعی تابلو

خدا مشاطه‌ی انجیر بود بر بساط خاک و
پریدن، پرنده‌ای که خواب می‌بیند دارد
ریشه می‌دواند از سرشاخه‌ها به سمت خاک

راوی در سمت چپ صحنه زمزمه می‌کند:
زادن تدارک زادِ مرگ است
یعنی از خاک به خاک شدن

دهان دراندی و هیاهو
که باری مگر مرگ
نه این‌که دروازه‌ی طلایی زندگی‌ست
دروازه‌ی طلایی جاودانگی

در آن سمت صحنه
اسفندیار
دو انگشت دست راستش را (انگار که دوشاخه‌ی خشک گزی)
بر چشمانش فرو می‌برد:
- زکی، جاودانگی جاودانگی جاودانگی...

(و عکس صدایش که در چاه بیژن
ته‌نشین می‌شود.)

اینک زاده شدم از بطنی که ذراتش به سمت انفجارِ نخستینم
می‌خواند.

عدم را در قدیم، قدم می‌زدم
از ابتدا که هر حرکت سکونی بود
بعد، آخرین کافِ سطرِ پیش «کن فیکون» شد و
حرف بی‌معنا نمی‌دانست
شدن همان عود کردن عدم بود

و عشق تنظیم پریدن گنجشک بود از پاره‌ی گِل، بر شاخه‌های درخت و
حرکت فورانی شاخه‌ها به سمت حادثه‌ی پیش از شدن
یعنی شدم.

صدا شکل عجیبی از صورت من است
شکل موهوم عجیبی از من است
تمام نیست
سخت نیست
حرف نیست
خواب نیست
خوب نیست
ناچاری حالا بخوابی حتی اگر همیشه این‌طور نباشد

صدا شکل عجیبی‌ست که در لوله لول می‌خورد
عین انبوه زنبوران کارگر دور ملکه‌اش وول می‌خورد
پس لابد مشکل تو نیست
باید بخوانی
بعد یاد بگیری
که برخی مواقع از خودت عقب بمانی
بعد یاد بگیری تنها جلوی کسی بزنی که ارزش جلو زدنش را دارد
یعنی به شکل واضحی متوجهی که ارزشش را دارد جلویش بگذاری

صدا شکل گنگی از حرکت است
چرخ‌هایی که عین توده‌ای مهیب
مدام در سرت باز می‌شود و درهم‌تنیده
کلاف لاستیکیِ کبودی که هی کش می‌آید و برذره ذره‌ی مغزت سیلی می‌زند

صدا شکل حرفی‌ست
اگرچه تمنای گفتن دارد
اما هنوز قواره‌ی ناقصی برای تن‌پوش کلمه دارد

هجرت از بساط عدم، وجود بود و
عشق تنظیم نبض پیچک
زمین بساط وجود بود و جود
ایثار زنانه‌ی تن بر بر و بحر
در پیشاصورتِ ازلیِ بودن بودم هنوز
با صوت نسیمی که در شاخه‌هایم پیچید صدایم کردی